Ludwig Haag

Doris Streber

AF221202

Nachhilfe

Alles Wissenswerte über ein Dauerthema

Nachhilfe

Alles Wissenswerte über ein Dauerthema

Ludwig Haag

Doris Streber

Prof. Dr. Ludwig Haag (Promotion in Schulpädagogik und Habilitation in Psychologie sowie erweiterte Habilitation in Schulpädagogik) war Lehrstuhlinhaber für Schulpädagogik an der Universität Bayreuth. Er ist Lehrbeauftragter an der ETH Zürich. Einer seiner Forschungsschwerpunkte ist Nachhilfe.

Dr. Doris Streber (Promotion in Schulpädagogik) ist Akademische Rätin an der Universität Bayreuth und Geschäftsführerin des Zentrums für Lehrerbildung. Einer ihrer Forschungsschwerpunkte ist individuelle Förderung.

Bibliografische Information der Deutschen Nationalbibliothek:
Die Deutsche Nationalbibliothek verzeichnet diese Publikation
in der Deutschen Nationalbibliografie; detaillierte bibliografische Daten sind im Internet über http://dnb.dnb.de abrufbar.

Herstellung und Verlag: BoD – Books on Demand, Nor-
derstedt

ISBN: 9783753482545

INHALTSVERZEI

Nachhilfe ist ein weltweites Phänomen. Auch in den meisten Mitgliedsstaaten der EU hat die Inanspruchnahme von Nachhilfeangeboten beträchtlich zugenommen. Nachhilfe ist ein Thema, das in den Fußgängerzonen der deutschen Städte präsent ist – man begegnet auf Schritt und Tritt Filialen der verschiedensten Anbieter. Wieso ist dies so? Es lohnt sich, über das (auch wirtschaftlich) große Thema Nachhilfe Bescheid zu wissen. Dieses Buch gibt in Frageform einen Überblick. Dabei haben die Fragen den Anspruch, umfassend über relevante Aspekte des Phänomens „Nachhilfe" zu informieren.

Bei der hier gewählten Frageform geht es nicht um eine Reflexion nach dem Motto „Wie beurteilen Sie Nachhilfe"? Auch geht es nicht um persönliche Positionen. Ebenfalls sollen keine Entscheidungen herbeigeführt werden nach dem Motto „Würden Sie in diesem soeben geschilderten Fall zu Nachhilfe raten"? Vielmehr wird der Komplex Nachhilfe strukturiert, d.h. in einzelne Aspekte gegliedert und zerlegt, so dass daraus Informationen gezogen werden können. Die komplexe Frage „Bringt Nachhilfe überhaupt etwas?" oder „Macht es Sinn, Geld in Nachhilfe zu investieren?" lässt sich nicht mit einem einfachen „Ja" oder „Nein" beantworten. Eine klare Position hängt von vielen Faktoren ab, die in dieser Publikation als Frage formuliert beantwortet werden.

1. Warum ist Nachhilfe heute in aller Munde?

Hierfür sind vor allem zwei Gründe zu nennen:

- **Trend zu höherer Bildung**

Es sind deutliche Verschiebungen der Übergangsquoten auf weiterführende Schulen zu verzeichnen. Der Anteil der Kinder, die nach der Grundschule auf das Gymnasium übergehen, steigt kontinuierlich an. Im Schulwesen werden höherqualifizierende Abschlüsse angestrebt und auch erreicht.

Der Grund ist einleuchtend. Bildung lohnt sich, wie der Bildungsbericht 2018 analysiert: „Mit steigendem Bildungsstand sind Frauen und Männer besser auf dem Arbeitsmarkt integriert, verdienen mehr, beteiligen sich häufiger politisch und ehrenamtlich, leben gesünder und sind zufriedener. Auch dem Staat nutzen seine Bildungsinvestitionen – wenn die Menschen mindestens eine berufliche Qualifikation erreichen" (S. 12). Und Personen ohne Berufsabschluss sind häufiger arbeitslos: „2,3 % der Akademikerinnen und Akademiker, aber 9,1 % der Personen ohne Berufsabschluss sind arbeitslos" (S. 12).

- **Kritik an der heutigen Schule**

Hierzu führt Rudolph (2002) folgende Thesen an:

- „Die derzeitige unzulängliche Hausaufgabenpraxis begünstigt die erhöhte Nachfrage an Nachhilfeunterricht erheblich" (S. 239).
- „Weil sich Familie durch gesellschaftliche Zwänge in ihrer Binnenstruktur stark verändert hat (Scheidungsquote,

13

Alleinerziehende...), kann sie bisherige Kernaufgaben in der Betreuung der Kinder (z. B. Hausaufgabenbearbeitung, Nachhilfe) nicht mehr leisten und nimmt deshalb vermehrt – sofern finanziell tragbar – außerfamiliale Dienstleistungen in Anspruch, z. B. die der Nachhilfeinstitute" (S. 241).

- „Durch die geringer werdende Zahl von Arbeitsplätzen und gleichzeitig gestiegenen Qualifikationsanforderungen für die verbleibenden, versuchen Eltern über höhere Schulabschlüsse ihrer Kinder den Zugang zum Arbeitsmarkt zu sichern. Für die angestrebten höheren Schulabschlüsse investieren Eltern zusätzliche Mittel (Hausaufgaben- und Nachhilfe)" (S. 242).

- „Das Schulsystem der Halbtagsschule wird aufgrund der gesellschaftlichen Entwicklungen (Familie, Arbeitsmarkt) zunehmend disfunktional, da größere Übungs- und Fördersequenzen in den Vormittag nicht mehr integrierbar sind und damit das Prinzip der Chancenungleichheit in unserem Bildungswesen unterstützt wird" (S. 243).

- „Die starke Gewichtung kognitiver Fähigkeiten als Grundlage für das gängige Bewertungssystem begünstigt in hohem Maße die Nachfrage an Nachhilfeunterricht und strukturiert damit gleichzeitig die Inhalte und die Methoden der kommerziellen Nachhilfeinstitute" (S. 244).

2. Was versteht man unter Nachhilfe?

Ganz allgemein geht es um einen Unterricht, der zusätzlich zum regulären Schulunterricht stattfindet. Und dieses „Zusätzliche" kann sowohl im Kontext der Schule als auch durch außerschulische Angebote geleistet werden.

Inhaltlich kann es sich um ein zusätzliches Erklären, Einüben und Wiederholen von Unterrichtsstoff handeln. Dies kann auch noch durch ein Erledigen von Hausaufgaben flankierend begleitet werden.

3. Welche Förderangebote gibt es heute?

Man muss zwischen schulischen und außerschulischen Angeboten unterscheiden. Diese Unterscheidung mag überraschen, doch individuelle Lernförderung ist heute ein Markenzeichen einer guten Schule. Bei den außerschulischen Angeboten muss man unterscheiden zwischen nicht-kommerziellen und kommerziellen Angeboten. Eine zweite Unterscheidung betrifft die Frage, ob Nachhilfe in Präsenzunterricht und/oder online angeboten wird.

4. Welche Angebote hält die Schule bereit?

Insgesamt lassen sich drei Arten schulischer Angebote der individuellen Lernförderung unterscheiden:

- **Ganztagsunterricht**

Im Zuge des Ausbaus der Ganztagesschulen steht den Schulen durch Einbindung des Nachmittags einfach mehr Zeit zur Verfügung. So werden in offenen Ganztageskonzepten diese Nachmittagszeiten auch zur Betreuung der anfallenden Hausaufgaben genutzt. Je nachdem wieviel Personal zur Verfügung steht und wie gut dieses in der Lage ist, fachlich zu helfen, kann diese Hausaufgabenzeit durchaus als individuelle Hilfe seitens der Schule gesehen werden. In gebundenen Ganztageskonzepten steht den Lehrkräften einfach mehr Zeit zum Erklären, Einüben und Wiederholen von Unterrichtsstoff zur Verfügung – hierbei handelt es sich um typische Merkmale von Nachhilfe.

- **Förderstunden**

Unabhängig vom Halbtags- oder Ganztagsschulbetrieb steht Schulen ein Topf von zusätzlichen Förderstunden zur Verfügung. Mit diesen zusätzlichen Stunden können Fördermaßnahmen in Kleingruppen eingerichtet werden. Dabei kann es sich sowohl um spezielle Förderkurse für benachteiligte Kinder als auch um gezielte Fördermöglichkeiten für begabte Kinder handeln.

- **Mentorenprojekte**

Die Zahl der Schulen wächst, in denen Mentorenprojekte angestoßen werden. Ältere Schüler stellen sich zur Verfügung, die am Nachmittag jüngeren Schülern mit Leistungsproblemen in Kleingruppen helfen. So treffen sie sich bspw. einmal die Woche nach dem Unterricht in der Schule, im Idealfallunter Betreuung eines Lehrers.

5. Ersetzt der Ganztagsbetrieb die Nachhilfe?

Mit der Ganztagsschule geht häufig die Erwartung einher, dass diese sich im Vergleich zur Halbtagsschule besonders darin auszeichne, ihre Schüler individuell zu fördern. Mit dem Ausbau von Ganztagsschulen war nicht selten die Erwartung verbunden, dass diese Schulen durch ihre größeren Fördermöglichkeiten Nachhilfeunterricht überflüssig machen. Doch dem widerspricht die Empirie. Die vorliegenden Daten zeigen, dass die Nachhilfequote zwischen Halbtags- und Ganztagsschülern ähnlich ausfällt. Ebenfalls müssen sich die Ganztagsschul-Eltern genauso intensiv wie die Halbtagsschul-Eltern um die Kontrolle der Hausaufgaben und vorbereitende Hilfen für Klassenarbeiten kümmern.

Als Fazit bleibt, dass die bisherigen Befunde darauf hinweisen, dass das hohe Lied auf die Ganztagsschule hinterfragt werden muss.

6. Wie ist der schulische Förderunterricht zu bewerten?

Erstmal ist zu sagen, dass ein erfolgreicher Unterricht einen entscheidenden Beitrag leistet, damit es nicht zu Lernschwierigkeiten kommt. Deshalb ist der beste Förderunterricht in sehr vielen Fällen ein guter Klassenunterricht.

Eine Trennung von Klassen- und Förderunterricht hat schlimmstenfalls zur Folge, dass das im Förderunterricht Gelernte und Geübte überhaupt nicht oder zumindest nur sehr begrenzt unterrichtsrelevant ist. Deshalb muss guter Förderunterricht auf den Klassenunterricht bezogen sein. Dazu sind Absprachen zwischen dem Fachlehrer und dem Lehrer nötig, der nachmittags den Förderunterricht hält. Der Fachlehrer muss mit in das Förderprogramm einbezogen werden, das außerhalb des regulären Unterrichts stattfindet. So kann er auch darauf achten, dass die Schüler ihre Lernfortschritte in der Klasse zur Geltung bringen können.

7. Welche nicht-kommerziellen Angebote gibt es?

Zu den außerschulischen nicht-kommerziellen Angeboten zählen:

- **Familien-, Verwandtenkreis**

Zu den nicht-kommerziellen Angeboten zählt natürlich an erster Stelle die Familie wie Eltern und Geschwister bzw. der erweiterte Familienkreis wie Verwandte und gute Bekannte. Unterstützt bei seiner Arbeit wird dieser Personenkreis insbesondere durch Übungsmaterial, wie sie der Markt anbietet. Dieses Angebot ist heute schier unerschöpflich, es findet sich sowohl im Netz als auch in Buchhandlungen und öffentlichen Bibliotheken. Die großen Supermarktketten bieten regelmäßig um die Halbjahreszeugnisse ein gut sortiertes Üb- und Erklärmaterial bereit, getrennt nach Schulfächern und Jahrgangsstufen.

- **Non-formale Lernwelten**

Außerhalb der Familie spricht man von sog. non-formalen Lernwelten. Hierzu ist die Kinder- und Jugendarbeit zu rechnen, auch kirchliche Jugendorganisationen gehören hierher. Es gibt ein breites Spektrum an außerschulischen Lernangeboten für Kinder und Jugendliche im Schulalter.

- **Studierende**

Seit den Schulschließungen durch Corona im Frühjahr 2020 haben Studierende eine Plattform gegründet, mit der sie Schülern beim Lernen helfen wollen. Sie vermitteln den Kontakt zwischen Schülern und

Studierenden für eine kostenlose, digitale Lernbetreuung per Video-Chat. „Digital. Qualifiziert. Kostenfrei. Lernunterstützung für Schüler*innen durch Studierende", so steht es auf der Startseite von Corona School e.V. (https://www.corona-school.de).

8. Wie werden die kommerziellen Angebote eingeteilt?

Es lassen sich die klassischen Nachhilfeprivatpersonen wie Lehrkräfte, Studierende bzw. Schüler von Instituten unterscheiden. Während die Nachhilfeinstitute mit einem Marktanteil von ca. 40 Prozent an erster Stelle rangieren, sind die beiden anderen Gruppen Lehrkräfte und Studierende bzw. Schüler zu ziemlich gleichen Teilen mit je 30 Prozent beteiligt – so Marktforschungsdaten.

9. Wie teilen sich die Nachhilfeinstitute den Markt auf?

Insbesondere seit Mitte der 1990er Jahre ist das Angebot an kommerzieller Nachhilfe in Deutschland deutlich angestiegen. Man geht von ca. 4 000 Nachhilfeschulen aus. Davon fallen 2 000 Institute auf die beiden großen Franchise-Unternehmen – auch mit eigenen Schulen vertreten – Schülerhilfe und Studienkreis und ca. 2 000 auf inhabergeführte Nachhilfeschulen und kleine Ketten. In den 4 000 Nachhilfeschulen arbeiten ca. 50 000 Nachhilfelehrer.

10. Welche sind die größten Anbieter in Deutschland?

Schülerhilfe zählt neben dem Studienkreis zu den führenden kommerziellen Anbietern von Nachhilfe in Deutschland und Österreich. „Über 125.000 Schüler pro Jahr an 1.100 Standorten vertrauen auf unsere über 45-jährige Erfahrung", so auf der Homepage von Schülerhilfe (https://www.schuelerhilfe.de). Neben eigenen Standorten werden auch Schulen im Franchiseverfahren geleitet.

Neben der Schülerhilfe zählt der **Studienkreis** zu den führenden kommerziellen Anbietern von Nachhilfe in Deutschland und im deutschsprachigen Ausland. Neben eigenen Standorten werden auch solche als Franchise betrieben (https://de.wikipedia.org/wiki/Studienkreis).

11. Wie kann man ihren Boom erklären?

Der Erfolg der kommerziellen Nachhilfeinstitute basiert auf zwei Säulen:

- **Gruppenunterricht**

Qualitativ hat Nachhilfeunterricht seit den 1970er-Jahren eine neue Dimension erreicht. Neben dem üblich individuell erteilten Nachhilfeunterricht beginnt ein organisiertes Nachhilfewesen zu florieren, der institutionalisierte private Nachmittagsunterricht. Da Nachhilfeinstitute natürlich Wirtschaftsunternehmen sind, die sowohl ihre Kosten (Personal, Werbung, Verwaltung und Miete) erwirtschaften als auch Gewinne erzielen müssen, ist Unterricht in Kleingruppen die Domäne der Nachhilfeinstitute. Somit ist Nachhilfeunterricht preiswerter zu haben, weil anstelle des Einzelunterrichts das Lernen in Gruppen erfolgt, die in der Regel aus drei bis fünf Schülern bestehen.

- **Kopplung von Nachhilfe mit Hausaufgaben**

Nachhilfe in Nachhilfeeinrichtungen beinhaltet mittlerweile auch das Angebot der Hausaufgabenbetreuung. Wenn im Idealfall die Kinder zweimal pro Woche für eine Doppelstunde in Nachhilfe gehen, dann sollten, wenn sie heimkommen, die Hausaufgaben weitgehend erledigt sein. Ansonsten wäre die nachmittägliche Belastung für die Kinder zu groß, wenn neben Nachhilfezeit auch noch zusätzliche Hausaufgabenzeit eingeplant werden müsste.

Und die gängige Hausaufgabenpraxis begünstigt offenbar eine erhöhte Nachfrage an Nachhilfeunterricht: Nicht alle Familien sind

26

zeitlich und fachlich in der Lage, die nachmittägliche Betreuung der Kinder entsprechend leisten zu können und nehmen deshalb vermehrt außerfamiliale Dienstleistungen in Anspruch. Ab der 9. Jahrgangsstufe, so die Befundlage, scheint den Eltern die Hausaufgabenkontrolle aus den Händen zu gleiten.

12. Einzelunterricht: Wo liegen die Vor- und Nachteile?

Es gibt Situationen, bei denen der Einzelnachhilfeunterricht die einzig sinnvolle Art der Nachhilfe zu sein scheint, nämlich dann, wenn es gilt, auf einen ganz bestimmten Punkt hin kurzfristig lernen zu müssen. Diese Situation haben wir in „lebensnotwendigen" Schulaufgaben oder Proben, bei Aufnahmeprüfungen und natürlich beim Schulabschluss. Hier geht es um Kurzfristigkeit und nicht um mittelfristige Kontinuität.

Einzelnachhilfe ist auch dann eher sinnvoll, wenn ein Schulwechsel nicht in Frage kommt (kommen kann) und die Noten sprichwörtlich im Keller liegen.

Doch neben den im Vergleich zu Gruppenunterricht hohen Kosten gibt es einige Überlegungen, die gegen einen Einzelunterricht sprechen.

- Die Schüler befinden sich hier in einer Ausnahmesituation, die sie in einer falschen Sicherheit wiegen kann, da sie in der Schule diese Situation nicht mehr antreffen werden.

- Dabei besteht die Gefahr, dass die Schüler zu sehr auf die Einzelnachhilfelehrkraft fixiert sind und sich auch auf sie verlassen. Es gibt Fälle, bei denen Schüler durch die Erteilung von Nachhilfeunterricht in ihren Leistungen schwächer wurden, weil sie sich vormittags mehr oder weniger aus dem Unterricht ‚verabschiedeten' nach dem Motto ‚mein Nachhilfelehrer wird es schon richten'.

28

- Ein Merkmal einer heute neuen Lernkultur ist, dass Wissenserwerb immer ein sozialer Austausch, ein Aushandeln in sozialen Situationen bedeutet – ein Argument für Gruppenunterricht.

13. Gruppenunterricht: Worin liegen die Vorteile?

Bei Gruppennachhilfe besteht in der Gruppe die Möglichkeit des voneinander Lernens und gegenseitigen Austausches, was zum sog. social facilitation Effekt führt:

- Nervosität und Prüfungsangst, häufig Begleiter von schlechten Noten, werden in einer Gruppenarbeitssituation effektiver abgebaut.
- Gemeinsames Lernen macht mehr Spaß.
- Eine „Frontalbeschulung" eines einzelnen Kindes mag für dieses zu massiv sein. Nachhilfe braucht auch Phasen des eigenen Lernens, der Verarbeitung und selbstständigen Reflexion. Und diese sind gegeben, sobald sich der Nachhilfelehrer einem anderen Kind in der Gruppe widmet.

14. Wie effektiv ist Gruppennachhilfe?

Die Frage drängt sich hier auf, inwiefern Gruppennachhilfe im Vergleich zu Einzelnachhilfe nicht nur billiger, sondern auch effektiver ist. Anhand einer eigenen Studie lässt sich feststellen, dass sich die beiden Arten von Nachhilfe bezüglich der Noten nicht unterscheiden. Im Gegenteil, Nachhilfe in kleinen Gruppen ist nicht nur preiswerter, sondern meist auch pädagogisch sinnvoller. Nervosität und Prüfungsangst, häufig Begleiter von schlechten Noten, können in einer Gruppenarbeitssituation effektiver abgebaut werden. Auch macht gemeinsames Lernen, gerade am Nachmittag, mehr Spaß.

15. Worin liegt die Elternhilfe bei den Hausaufgaben?

Die Hausaufgabenforschung hat überzeugend nachweisen können, dass Eltern oder andere Betreuungspersonen keine sinnvolle Hilfe darstellen, wenn sie allein kontrollierend fungieren, aber keine fachliche Hilfe anbieten können. Mit anderen Worten, ein „Wauwau" am Nachmittag zu Hause bei den Hausaufgaben ist eher kontraproduktiv als nützlich.

Verschiedene Untersuchungen zeigen, dass das Elternverhalten bei Hausaufgaben in Zusammenhang mit der Motivation und der Lernleistung des Kindes steht.

Während prozessorientiertes Elternverhalten (emotionales Engagement, Bereitstellung von Hilfsmitteln, Hilfe bei der Strategieanwendung und Ermutigung zur Eigenverantwortlichkeit) in einem positiven Zusammenhang mit Motivation und Leistung bzw. Leistungsentwicklung der Kinder steht, korrelieren kontrollierende bzw. bewertende (produktorientierte) Verhaltensweisen der Eltern damit negativ.

Eine optimale Hausaufgabenbetreuung könnte so aussehen, dass Eltern sich zwar als Ansprechpartner im Hintergrund halten und ihr Kind auf Bitten oder bei erkennbaren Schwierigkeiten auch anleiten, dieses aber zum selbstständigen Lernen hinführen, indem sie ihm zunächst die Verantwortung für das Vorgehen bei der Aufgabenbearbeitung überlassen.

16. Wie wirksam ist Nachhilfe?

Die Beantwortung ist davon abhängig, wer gefragt wird. Wenn Eltern und Nachhilfeschüler befragt werden, schaut die Ergebnislage eindeutig aus:

Positive Bewertungen überwiegen und positive Folgen wie Motivationssteigerung, verstärkte Lernfreude oder erhöhter Arbeitseinsatz werden genannt. Nachhilfe wird von den Beteiligten also mehrheitlich als effektiv angesehen. Hinsichtlich der Schulnoten wird durchschnittlich eine Verbesserung um eine Notenstufe angegeben.

Auch zeigen die Nachhilfeschüler weniger Prüfungsangst, ein günstigeres Fähigkeitsselbstbild und eine höhere Lernmotivation. Als Folge des Nachhilfeunterrichts beteiligen sie sich in der Schule mehr am Unterricht und erledigen ihre Hausaufgaben sowohl im Nachhilfefach als auch in anderen Fächern selbstständiger und regelmäßiger und konstanter. Sie verändern ihre Einstellung zur Schule. Mehrheitlich haben sie wieder mehr Freude an der Schule.

Ebenfalls auf das Familienklima wirkt die Nachhilfe positiv, sowohl die elterliche Sorge um die schulischen Belange als auch Meinungsverschiedenheiten und Stresssituationen zwischen Eltern und Kind nehmen ab.

Ganz anders sieht es aus, wenn man wissenschaftliche Studie anschaut, die die Leistungszuwächse über Messdaten erfassen. Dabei sind sowohl die nationalen als auch die internationalen Befunde zur Wirksamkeit von Nachhilfe sehr heterogen. Einige Studien weisen positive Effekte auf die Leistungen aus, andere nicht.

17. Stimmen alle Studien in ihren Ergebnissen überein?

Die Antwort auf die Frage, weshalb unterschiedliche Studien zu unterschiedlichen Ergebnissen kommen, ist einfach zu beantworten. Es kommt darauf an, wie Wirksamkeit definiert wird, in der Wissenschaftssprache ausgedrückt, wie Wirksamkeit operationalisiert wird. Werden Schulnoten und psychologische Variablen gemessen, zeigt sich die Wirksamkeit von Nachhilfe, in Noten ausgedrückt, in einer Notenstufe. Freilich sollte der Zeitraum sechs Monate nicht unterschreiten.

Werden dagegen Kompetenzmaße als Maßstab herangezogen, d.h. bspw. werden Subtests aus standardisierten Schulleistungstests verwendet, sind keine signifikanten Lernzuwächse feststellbar.

Was ist nun richtig?

Inwieweit Schulnoten ein sinnvolles Maß, ein valider Leistungsindikator sind, darüber lässt sich diskutieren. Doch sind Noten insofern ökologisch valide Leistungsindikatoren, da sie die Eltern zum Anlass für Nachhilfe nehmen und die Schule selbst diese als Versetzungskriterium verwendet. Noten sind die „Währung", weshalb u. a. Eltern Nachhilfe wünschen. An Noten lässt sich der aktuelle Leistungsstand feststellen, Kompetenzen sind schwieriger, wenn überhaupt sichtbar.

18. Was sind Pro-Argumente in Bezug auf Nachhilfe?

Befürworter von Nachhilfe führen folgende **Pro Argumente** auf:

- Nachhilfe wird eine größere Flexibilität und ein höherer Individualisierungsgrad gegenüber dem regulären Schulunterricht zugesprochen. Wissenslücken können gezielt geschlossen werden, zusätzliche Qualifikationen können erworben werden, die über das Curriculum des regulären Bildungssystems hinausgehen.

- Nachhilfe kann zur sozialen und wirtschaftlichen Entwicklung eines Landes beitragen.

- Ebenfalls werden finanzielle Vorteile gesehen: Dabei wird in Ländern mit höheren Durchschnittseinkommen bisweilen argumentiert, Nachhilfeunterricht biete eine Möglichkeit zu exklusiver Förderung, sei aber dabei weitaus günstiger als der Besuch einer Privatschule. In Niedriglohnländern wird privater Nachhilfeunterricht hingegen häufiger als Möglichkeit für schlecht bezahlte Lehrkräfte gesehen, ihr Gehalt aufzubessern

19. Was sind Contra-Argumente in Bezug auf Nachhilfe?

Kritiker von Nachhilfe nennen folgende **Contra Argumente**:

- Nachhilfe hat Auswirkungen auf die Gegebenheiten im Regelschulsystem. Bekämen alle Schüler einer Klasse Nachhilfeunterricht, könne der Lehrer davon ausgehen, dass die gesamte Klasse den Unterrichtsstoff beherrsche, was zu einer Verminderung der Unterrichtsqualität führen könnte. Erhielten nur Einzelne Nachhilfe, dann könnten diese Schüler als Norm angesehen werden, was den Leistungsdruck auf die Schwächeren erhöhen könnte.
- Durch Nachhilfe kann der Regelunterricht weniger ernst genommen werden – frei nach dem Schüler-Motto, „Nachmittag wird mir schon geholfen".
- Nachhilfe kann zu einer Erschöpfung führen, was dazu führen kann, sich im regulären Unterricht auszuruhen.
- Ein nicht aufeinander abgestimmter Unterricht kann die Schüler eher verwirren und erzielte Erfolge zunichte machen.
- Nachhilfe stellt zu sehr auf gezielte Prüfungsvorbereitung ab, ohne ein tieferes Verständnis für die Fachinhalte zu fördern.
- Ein starker Nachhilfesektor kann bisweilen Reformbestrebungen im regulären Bildungssystem verhindern. So sind in selektiven Schulsystemen wie Deutschland Übergänge auf höhere Bildungsstufen von Notengrenzen abhängig. Und

da die Nachfrage nach Nachhilfe gerade in solchen Übergangsphasen besonders hoch ist, sind hier Ungerechtigkeiten systemimmanent und Chancengleichheit ist somit nicht gegeben – geradezu eine Forderung einer demokratischen Gesellschaft.

Fazit

In keiner Studie kommt heraus, dass Nachhilfe bezogen auf Leistungen geschadet hat. Vor allem sieht man indirekte Effekte derart, dass die Einstellung zum Lernen und zu Abschlüssen positiv beeinflusst wird.

Insgesamt gibt es gute Gründe zu sagen, dass Nachhilfe besser sein dürfte als ihr Ruf. Das macht auch in der Weise Sinn, dass Eltern wohl nicht umsonst riesige Summen in die Nachhilfe ihrer Kinder investieren würden.

20. Was versteht man unter Online-Angeboten?

Unter Online-Angeboten versteht man eine ganze Palette von Möglichkeiten: abgedruckte Erklärungen, Lernvideos, Arbeitsblätter, themenspezifische Webinare, Online-Direkthilfen. Der Unterschied zur traditionellen Präsenznachhilfe liegt darin, dass man sich im Internet per Videokonferenz oder Chat unterhält (z.B. über die Anbieter Skype, Zoom, MS Teams, cisco webex oder andere), die Übungen am Computer macht und Erklärvideos schaut. Was in der traditionellen Nachhilfe die Nachhilfelehrkräfte leisten, korrespondiert mit den Videos auf YouTube. Zum Satz des Pythagoras findet man dort bspw. die Mathelehrkraft, die Dreiecke auf Karopapier zeichnet, oder den Nachhilfeschülern altersmäßig näherstehende Studierende, die hierzu Erklärungen in einem Rap vortragen.

21. Welche Online-Nachhilfeanbieter gibt es?

Bei den Anbietern kann zwischen solchen unterschieden werden, die im Netz entstanden sind, und jenen, die ihren ursprünglich angebotenen Präsenzunterricht um ein Online-Angebot erweitert haben. Zur ersteren Gruppe gehören bspw. Scoyo, Simpleclub, Sofatutor, in der zweiten Gruppe sind die prominentesten und größten Anbieter im deutschsprachigen Raum, die Schülerhilfe und der Studienkreis

- **Reine Netz-Anbieter**

Scoyo wurde 2007 in Zusammenarbeit mit Universitäts-Didaktikern konzipiert. Für die Jahrgangsstufen 1-7 stehen Aufgaben bereit, die auf die jeweiligen Lehrpläne der Bundesländer abgestimmt sind. Der Lernstoff wird in Form einer storybasierten Rahmenhandlung spielerisch vermittelt, die Unterrichtsthemen werden in Abenteuergeschichten integriert.

Simpleclub geht auf zwei ehemalige Oberstufenschüler zurück, die 2011 den You Tube Kanal TheSimpleMaths gründeten. Simpleclub bezeichnet sich selbst als Deutschlands reichweitenstärksten Anbieter für kostenlose Online-Nachhilfe und wirbt damit, die „coolste Nachhilfe Deutschlands" zu sein.
Das Angebot finanziert sich durch die Werbeeinnahmen von YouTube, Kooperationen und simpleclub unlimited, einem wahlweise monatlichen oder jährlichen Bezahlabo, welches interaktive Übungsaufgaben mit Lösungswegen, PDF-Spickzettel und die Möglichkeit,

durch intelligente Algorithmen einen individuellen Lernplan zu erstellen, beinhaltet.

2015 wurde das Nachhilfe-Start-up gegründet, das inzwischen monatlich rund 600.000 Schüler sowie Studierende erreicht. Die Videos stehen in der App und auf der Webvideo-Plattform You-Tube zur Verfügung. Pro Monat kommen ca. 100 neue Videos hinzu. Die Simpleclub App orientiert sich an den Lehrplänen der Bundesländer, gilt ab der 7. Jahrgangsstufe für alle Schulformen und für die Fächer Mathe, Biologie, Chemie, Geographie, Wirtschaft, Geschichte und Informatik, für Studenten gibt es außerdem Maschinenbau. Die Videos können heruntergeladen werden, um sie später ohne Internetverbindung anzuschauen zu können.

Die Idee zur Multimedia-Online-Lernplattform **Sofatutor** kam den Gründern Anfang 2007 während einer Vorlesung. Die Möglichkeiten eines Videos, an bestimmten Punkten anzuhalten und zurückzuspulen, waren der Hauptvorteil für die damaligen Studenten.

Sofatutor ist eine Lernplattform für Schüler der ersten bis zur 13. Klasse. Es werden Lerninhalte für jedes Schulfach vermittelt, die sich an den aktuellen Lehrplänen der Bundesländer orientieren. Dabei gibt es verschiedene Medien: Es stehen über 10 000 Lernvideos bereit; die Lerninhalte werden in durchschnittlich fünf Minuten zusammengefasst. In interaktiven Übungen wird das Gelernte vertieft. Mit dem Premium-Account gibt es zudem Arbeitsblätter zum Ausdrucken sowie einen Hausaufgaben-Chat und eine 24-Stunden Hilfe von

Lehrkräften. In einem Bildungspodcast werden in 30 Minuten Fragen geklärt, die Eltern zu einem Bildungsthema stellen.

- **Präsenz- und Netz-Anbieter**

Schülerhilfe hat als erste Einrichtung ein eigenes Online-LernCenter entwickelt, das eine umfangreiche Palette an Lern- und Übungsmöglichkeiten bietet. Das Angebot beinhaltet für alle Schulklassen und die zentralen Fächer Mathe, Deutsch, Englisch, Französisch und Latein über 2000 Lernvideos, 10 000 Erklärungen, über 20 000 Übungsaufgaben mit Lösungen, regelmäßige Webinare zu den wichtigsten Fächerthemen und eine Online-Direkt-Hilfe, in der Fragen zum Unterrichtsstoff und zu Hausaufgaben an eine Nachhilfelehrkraft gestellt werden können.

Online Lernen beim **Studienkreis** enthält eine Lern-Bibliothek Online, die in etwa dem Online-LernCenter bei der Schülerhilfe entspricht. Sie bietet Lernmaterialien für alle Klassen und Schulformen an: Hier stehen über 250 000 Übungsaufgaben mit Lösungen und 600 Lernvideos bereit. Einzelnachhilfe ist von zu Hause aus über das Internet möglich, Probleme bei den Hausaufgaben werden per Video-Chat direkt von einer Nachhilfelehrkraft online bearbeitet.

22. Was sind die Stärken von Präsenz-Nachhilfe?

In der persönlichen Begegnung muss es der Nachhilfelehrkraft gelingen, seinen Schüler zu motivieren, ihm den Spaß am Lernen zu vermitteln, der ihm im Regelunterricht am Vormittag z.T. abhanden gekommen ist. Gute Nachhilfe muss immer auch Beziehungsarbeit leisten, ein durch schwache Schulleistungen labiles Selbstbewusstsein muss im Miteinander wieder aufgebaut werden. Nachhilfeschüler brauchen gerade emotionale Betreuung, sie sind möglicherweise durch das Lernen frustriert, sie brauchen einen Beistand.

Gute Nachhilfe muss individuell auf die Stärken und Schwächen des einzelnen Schülers eingehen, d.h. Nachhilfe muss individuelle Förderung sein. Voraussetzung hierfür muss eine vorangegangene klare Diagnose der Schwächen/Defizite/Fehler beim Schüler sein, die erstmal nur ein Nachhilfelehrer leisten kann.

Der große Nutzen liegt also in der persönlichen Beziehung und der individuellen Betreuung.

23. Was sind die Stärken von Online-Nachhilfe?

Vom YouTube-Erklärvideo bis zum Live-Chat: Im Internet sind heute viele Nachhilfe-Angebote verfügbar.

Die Vorteile liegen zunächst auf der Hand: keine Anfahrtszeiten, keine Wartezeiten für Lehrer und Schüler, zeitliche Flexibilität. Statt bspw. Nachhilfe an einem festen Ort jeden Dienstag um 15.00 Uhr kann es hilfreich sein, entweder Nachhilfe sofort oder spät am Abend in Anspruch zu nehmen.

In jedem Fall sind Online-Angebote flankierende Angebote, Zusatzaufgaben sind immer gut.

Als Ergänzung – falls genutzt – sind Lernvideos mit ihrem großen Vorteil der Zeit- und Raumunabhängigkeit sehr sinnvoll.

In der Nachhilfeszene ist seit ein paar Jahren ein neues Phänomen beobachtbar: Heute nehmen auch Schüler Nachhilfe, die von den Noten erstmal im grünen Bereich liegen, d.h. Dreier-Schüler wollen die Note Zwei erreichen. Und für solch motivierte Schüler sind Online-Angebote wie geschaffen.

24. Was ist problematisch beim Online-Lernen?

Der soeben skizzierte Vorteil der freien Zeiteinteilung beinhaltet auch einen entscheidenden Nachteil: Je freier die Zeiteinteilung ist, umso mehr liegt die Nutzung in der Verantwortung der Schüler selbst. Einen festen Termin muss man einhalten, online wie offline. Wenn ein Kind ein Online-Abo auf Nachhilfe hat, droht ihm das gleiche Schicksal wie den Fitnessstudio-Abos zahlreicher Erwachsener: Die Nutzung wird immer weiter aufgeschoben – und schließlich ganz aufgegeben. Eine umfängliche Verfügbarkeit ist gleichzeitig der größte Nachteil: Online-Lernen bedarf einer großen Selbstlernkompetenz, verbunden mit hoher Motivation. Und genau die klassische Zielgruppe von Nachhilfenehmenden verfügt in der Regel eben nicht über diese zentralen Fähigkeiten. Gerade bei den Nachhilfeschülern darf bezweifelt werden, ob sie diese Kompetenz, autonom zu lernen und auch zu wollen, aufbringen.

25. Online-Angebote statt Präsenz-Nachhilfe?

Fakt ist, dass Suchmaschinen wie Google oder YouTube die klassischen Nachschlagewerke wie Lexika unwiederbringlich abgelöst haben – mit großem Vorteil:

In Lexika, Nachschlagewerken, Enzyklopädien etc. suchte man Ratschläge/Erklärungen für alle möglichen Alltagsfragen/Probleme, in allen möglichen Lebenslagen. Dabei konnte es sein, dass das passende Nachschlagewerk (z.B. zu Gesundheitsfragen) nicht gerade verfügbar war. Ganz anders heute: Mit kleinstem Smartphone ist jedem Suchenden all das Wissen verfügbar, was er passgenau genau jetzt und in diesem Augenblick braucht.

Auf Lernen/Nachhilfe übertragen ist dieses soeben skizzierte Szenario geradezu ideal: Genau jetzt will der Schüler Mathe machen, jetzt braucht er eine Lösung; er muss nicht auf den älteren Bruder oder die Eltern warten, bis die da sind und Zeit für ihn haben, oder eben erst auf die nächste Nachhilfestunde – übermorgen!

Doch wie schaut es beim systematischen Schließen von Lücken aus? Ist da bei einem leistungsschwachen Schüler Interesse/Motivation vorhanden, ins Netz zu gehen? Wohl eher nicht! Warum? Aus jahrzehntelanger Erfahrung mit Distanz-Lernen weiß man, dass es zum Durchhalten sog. Selbstregulationskompetenzen bedarf, der Fähigkeit, selbst das Lernen zu steuern – und genau die klassische Zielgruppe von Nachhilfeschülern verfügt in der Regel, wie soeben oben skizziert, eben nicht über diese Kompetenz.

26. Sind Online-Nachhilfeangebote empfehlenswert?

Studien, gerade aus den USA, in denen diese Angebote eine längere Tradition haben als in Europa, zeigen, dass Online-Nachhilfe nicht schlechter als Präsenznachhilfe abschneidet. Doch zwei Voraussetzungen müssen gegeben sein. Erstens muss die technische Betreuung sichergestellt ist, d.h. dass die Schüler mit der Technik umgehen können. Zweitens bedarf Online-Lernen, wie schon jetzt mehrfach betont, einer großen Selbstlernkompetenz verbunden mit hoher Motivation. Und hier sind Zweifel angebracht, inwieweit diese Voraussetzungen bei Nachhilfeschülern vorhanden sind.

Und nach Durchsicht zumindest der oben beschriebenen Anbieter lässt sich festhalten, dass ihr Angebot auf einem hohen Niveau liegt. Generell passen

- Übersichtlichkeit und damit Handhabung der Webseiten: Kein Anbieter kann es sich heute leisten, sein Angebot nicht von Fachleuten professionell gestalten zu lassen.

- Fächerangebot: Hier streben alle Anbieter ein größtmögliches Rundumpaket an, damit einmal angemeldete Schülerinnen und Schüler möglichst umfassend versorgt werden können.

- Fachwissen und didaktisches Können: Hinter den Angeboten stehen Lernkonzepte, aus denen ersichtlich wird, dass bei der Erstellung Experten wie Fachwissenschaftler, Fachdidaktiker sowie Pädagogen hinzugezogen wurden.

27. Sind kommerzielle Sommerferienkurse ratsam?

Es ist ein altes Thema, inwieweit in den Ferien schulische Angebote gemacht werden sollen. Gegen Ende der Schulzeit vor den Sommerferien wird regelmäßig medial das Thema behandelt „Soll man in den Ferien die Kinder zum Lernen anhalten?" Zwei Meinungen prallen aufeinander: Einerseits wird das Lernen in den Ferien gleichsam als „Freiheitsberaubung der armen Schulkinder" tituliert, andererseits werden Kurse von Nachhilfeeinrichtungen wie auch vom öffentlichen Schulsystem angeboten mit dem Slogan wie „Lernen macht Spaß – auch in den Ferien!"

Eine öffentliche und wissenschaftliche Diskussion um „Lernen in den Ferien" wurde erstmals in den USA geführt, weil dort eben die Sommerferien drei Monate dauern. Und Tatsache ist, dass die Schere im neuen Schuljahr zugunsten der privilegierteren Kinder weiter auseinander geht. Die Ergebnisse waren eindeutig: Die Kinder, die an Summer Schools teilgenommen haben, starteten günstiger in das neue Schuljahr.

Genau dieses Ergebnis konnte in einer großen deutschen Nachhilfeeinrichtung, in der Wochenkurse angeboten wurden, ebenfalls gefunden werden. Die Kinder fühlten sich anschließend sicherer. Übrigens, für Klassenwiederholer war es ein besonders attraktives Angebot.

Die Antwort auf obige Frage ist sehr eindeutig zu beantworten: Eine Woche spielerisches Lernen in langen Sommerferien ist für die Kinder eher eine willkommene Abwechslung als eine empfundene

Freiheitsberaubung. Machen wir es ganz konkret: Wenn ein Kind erst einmal wenig „Bock" auf einen Ferienkurs hat und beispielsweise von den Eltern zu einem Kurs angemeldet ist, doch dann im Laufe des Kurses einen Lernzuwachs erfährt, dann kippt die ursprüngliche Abneigung nicht selten in eine Lust auf Mehr.

28. Was tun bei einer gefährdeten Versetzung?

Zunächst geht es um eine klare Bestandsaufnahme, woran es gelegen haben könnte, dass die Noten nun so im Keller sind:

Wurde einfach zu wenig in das Lernen investiert? Oder:

Wurde falsch gelernt, d.h. zu unökonomisch, zu wenig gezielt?

Schafft es das Kind zu Hause in der Familie allein oder braucht es externe Hilfe?

29. Was bedeuten Noten auf dem Halbjahreszeugnis?

Zur Schule gehören nun einmal Zeugnisse, sie beinhalten eine Information für alle Beteiligten, die Kinder, Eltern und auch Lehrkräfte. Halbjahreszeugnisse haben doppelten Wert: Sie informieren über den aktuellen Leistungsstand und sie geben Hinweise für das 2. Halbjahr.

30. Sind Noten in Ziffernform sinnvoll?

Es gibt Themen in der Pädagogik, worüber sich vortrefflich debattieren lässt, dazu gehören die Noten in Ziffernform. Was ist dabei unbestritten? Ziffernnoten erfüllen verschiedene Funktionen:

- Jeder Lernende weiß, was eine Eins wert ist. Er weiß, was er geleistet hat. Umgekehrt, wer die Noten des anderen Endes der Skala erreicht hat, weiß, dass er wenig bis nichts geleistet hat – ohne viele Worte für alle verständlich und nicht verletzend, auch für Eltern. Diese Sozialisation über Noten gelingt irgendwie und lässt garantiert keine Vieldeutigkeiten zu.
- Anhand einer solchen nüchternen Rückmeldung einer Ziffernnote sehen Schüler wie Eltern sofort ohne Aufhebens, wo der Schüler innerhalb des Leistungskontinuums der Klasse liegt und inwiefern er den Anforderungen der Schule entspricht.
- Eine Eins auf dem Papier, mehr Ermutigung geht nicht! Eine Fünf oder Sechs, mehr Klarheit geht auch nicht. Und Forschungsergebnisse, die positive Auswirkungen von Verbalzeugnissen auf Lernfreude bestätigen könnten, sind wohl eher ein Wunsch als empirische Realität.

Ein Ersatz von Ziffernnoten durch verbale Urteile ist allein nicht die Lösung. Freilich wäre es ein Fortschritt, wenn das Leistungs-Etikett Ziffernnote auch noch inhaltlich mit kurzen

Kommentaren angereichert werden könnte. In diesem Sinne wären dann Noten mehr als eine „Waffe der pädagogischen Verzweiflung in der Hand der Lehrer", wie es mal ein großer Pädagoge ausdrückte.

31. Wann ist Nachhilfe sinnvoll?

Die Frage kann auch lauten: Welche Ziele lassen sich mit Nachhilfe-unterricht erreichen und welche nicht?

Die Gründe, warum Schüler Nachhilfe nehmen, sind sehr unterschiedlich. Einige möchten sich gezielt auf eine Klausur/Prüfung vorbereiten, andere kommen in einem Fach überhaupt nicht mehr mit, weil ihre Wissenslücken zu groß sind.

1. Mit Nachhilfe lassen sich Noten verbessern. Und das Ziel ist meistens eine Verbesserung von Schulnoten. Dies kann bedeuten, eine anstehende Klassenarbeit erfolgreich zu schreiben, eine gefährdete Versetzung zu verhindern, ein Schuljahr erfolgreich zu absolvieren oder einen sonstigen Abschluss zu ermöglichen.

2. Darüber hinaus lassen sich mit guter Nachhilfe Prüfungsängste abbauen, die Lernmotivation steigern, das schulische Selbstkonzept stärken sowie Lernstrategien aufbauen und optimieren.

3. Heutzutage wird der Begriff der Nachhilfe relativ weit gefasst: Gerade in Nachhilfeeinrichtungen wird mittlerweile auch die Hausaufgabenbetreuung angeboten. Und wenn zu Hause keine günstigen Hausaufgabenbedingungen vorherrschen, bspw. wenn ein Grundschulkind Nachmittag allein zu Hause ist oder ein Schulkind überhaupt keine Hilfe in Anspruch nehmen kann oder die Eltern das Thema Hausaufgaben outsourcen wollen, ist eine Nachhilfeeinrichtung mit angebotener Hausaufgabenbetreuung eigentlich immer möglich und auch sinnvoll.

32. Kann durch Nachhilfe Angst abgebaut werden?

Hier liegt ein typisches Henne-Ei-Problem vor. Mit schwachen Schulnoten korreliert eine erhöhte Prüfungsangst. Ein Schüler mit schwachen Schulleistungen hat vor der nächsten Klassenarbeit ein mulmiges Gefühl, er spürt, dass es bei ihm bspw. mit der Versetzung ganz wörtlich „eng" werden kann, er hat Angst davor, Fehler zu machen, er macht sich Sorgen, ob er die Arbeit überhaupt besteht, er ist so aufgeregt, dass ihm das Herz bis zum Halse schlägt, er hat ein komisches Gefühl im Magen, kurz, er verspürt die Symptome, die man unter Prüfungsangst zusammenfassen kann. Wenn ein solcher Schüler nun Nachhilfe erhält und er sich dadurch in seinem Stoff sicherer fühlt, ist die Chance gegeben, dass diese Angstsymptome vor der anstehenden Klassenarbeit verschwinden. Und sollte eine Notenverbesserung eintreten, ist diese Chance groß, dass das nächste Mal die Prüfungsangst schwindet, zumindest geringer ausfällt.

33. Wie hängen Noten und Lernfreude zusammen?

Eine ganz wichtige Voraussetzung für gute Noten und Freude am Lernen ist das schulische Selbstkonzept. Es ist die zentrale Steuerungsinstanz für psychisches Wohlbefinden. Im konkreten Fall ist das Selbstkonzept, bezogen auf die Schule, dafür verantwortlich, ob sich die Jugendlichen als gute oder schlechte Schüler einstufen. Bei Jugendlichen bildet das Selbstkonzept die Grundvoraussetzung dafür, dass sie sich in der Schule etwas zutrauen. Es ist dafür verantwortlich, dass sie ihr vorhandenes Potenzial auch tatsächlich abrufen. Und wenn über erfolgreiche Nachhilfe nachweislich das schulische Selbstkonzept gestärkt werden kann, sind gute Noten und damit Freude am Lernen vorprogrammiert.

34. Kann Nachhilfe die Arbeitsmethoden verbessern?

Wenn ein Schüler regelmäßig zur Nachhilfe geht und ein Schlampen oder zu spät Kommen seitens des Nachhilfelehrers nicht geduldet wird, entwickelt der Schüler ein Gefühl für Pünktlichkeit, er lernt seinen Nachmittag über den Nachhilfetermin hinaus strukturiert zu gestalten. Wenn nun der Schüler während der Nachhilfe erfährt, dass Lernen ohne Ablenkung funktioniert, dass es nach einem Plan vonstatten geht, dass es strukturiert und damit effektiv verläuft, setzt er dies auch zu Hause fort, er teilt sich seine Hausaufgabenzeiten, sein Lern- und Üb-Pensum sinnvoll ein.

35. Wann sollte ein Schüler Nachhilfe nehmen?

Es gibt nicht den idealen Zeitpunkt. Es gibt nur die Situation, den richtigen Zeitpunkt zu verpassen. Die Antwort lautet hier kurz und bündig: Nicht erst warten, bis das Kind in den Brunnen gefallen ist.

36. Wann macht Nachhilfe keinen Sinn?

Bei der Frage, wann Nachhilfe keinen Sinn macht, sind hier erstmal zwei ganz klare Gründe zu nennen:

- Wenn der Schüler in seiner Schulart kognitiv überfordert ist.
- Wenn der Schüler überhaupt nicht will, wenn er sprichwörtlich keinen Bock auf Nachhilfe hat.

Doch Vorsicht bei dem zweiten Punkt! Nachhilfe hat sich auch schon positiv ausgewirkt, wenn ein Schüler erstmal „zu seinem Glück gezwungen" wurde. Der Appetit kann sprichwörtlich auch mit dem Essen kommen. Wenn ein Schüler verspürt, Nachhilfe bedeutet keine vergammelte Zeit, sondern da wächst bei ihm ein Wissen, er fühlt sich sicherer, er verbessert sich, dann kann aus einer ursprünglichen Abneigung durchaus eine Akzeptanz erwachsen, es muss ja nicht gleich Liebe werden.

37. Was macht gute Nachhilfe aus?

Eine große Studie hat gezeigt, dass weniger die Vorbildung des Nachhilfelehrers (ob ausgebildeter Lehrer, sonstige Berufe, Student des Lehramts, sonstiger Student) als vielmehr seine Motivationsfähigkeit entscheidend ist. Es muss sozusagen die „Chemie" zwischen Nachhilfelehrer, der durchaus ein älterer Schüler sein kann, und Nachhilfeschüler stimmen.

Ein Lehrer, der seinen anspruchsvollen Beruf gewissenhaft am Arbeitsplatz Schule ausübt, sollte sich schon überlegen, ob er noch darüber hinaus mental und physisch dazu in der Lage ist, mit Herzblut einen Nachhilfeschüler zu begeistern. Hier schließt sich die nächste Frage an:

38. Was sollte ein Nachhilfelehrer können?

Über mangelnde Qualifikation von Lehrkräften gerade im Nachhilfe-markt wird viel gesprochen, belastbare Daten sind wohl eher die Aus-nahme – so könnte man plakativ den Zustand beschreiben. Wenn sich Eltern an Nachhilfegebende oder Nachhilfeeinrichtungen wen-den, sollte eines klar sein: Eltern müssen sich auf Mindeststandards verlassen können, was die Kompetenz der Nachhilfelehrkräfte be-trifft.

Eine grundsätzliche Frage ist immer, welche Vorbildung der Nachhil-felehrer mitbringen sollte. Je nach inhaltlicher Ausrichtung kommt in personeller Hinsicht eigentlich jeder in Frage, der der entsprechen-den Sprache des Nachhilfeschülers kundig ist.

Natürlich muss der Nachhilfelehrer sein Fach insoweit beherrschen, dass er hier dem Schul- und Klassenniveau seines Nachhilfeschülers gewachsen ist. Doch da in der Nachhilfe eigentlich kein neuer Stoff zu bewältigen ist – der sollte ja schon mal im Schulunterricht zumin-dest gehört worden sein -, ist bspw. eine didaktische Ausbildung, wie sie Lehrer in ihrem Studium erfahren, erstmal nicht notwendig. Von daher ist eine Nachhilfelehrkraft eine den Unterricht nachfolgende, den Unterricht ergänzende Lehrkraft.

So ist die Aussage nicht verwunderlich, die man immer wieder hört und die auch in einer eigenen großen Studie belegt wurde, dass ge-rade „schulfremde" Personen in der Nachhilfe erfolgreich wirken.

39. Worauf kommt es bei einem Nachhilfelehrer an?

Wenn man Leitungen in Nachhilfeeirichtungen fragt, wie sie dazu stehen, dass ihre Lehrkräfte in der Regel nicht voll ausgebildet sind, nennen sie ganz spontan und mit Überzeugung folgendes Argument: In Nachhilfe kommt es besonders auf die Beziehung an, eine Nachhilfelehrkraft betreut immer dieselben Kinder. Diese persönliche Beziehung ist das sog. Proprium, auf Deutsch das Pfund des Nachhilfelehrers, das den Lernerfolg ausmacht. Diese Beziehung weckt und fördert die Motivation der Kinder und Jugendlichen.

40. Wie lange sollte man Nachhilfe nehmen?

Fast entscheidender als die Frage nach der Qualifikation des Nachhilfelehrers ist die Frage, wie lange man Nachhilfe in Anspruch nehmen sollte. Hier herrscht eine große Unsicherheit und in den Medien ist immer wieder von sog. Knebelverträgen seitens der Nachhilfeinstitute zu hören. Hierzu ist folgendes zu sagen: Zu kurze Nachhilfe bringt meist deshalb nichts, weil Lernen Zeit braucht und bei leistungsschwachen Schülern meist große Vorwissensdefizite vorliegen. Diese Lücken sind nicht in zwei, drei Einheiten zu beheben...

Gehen wir von folgendem Beispiel aus: Angenommen ein Vertrag zwischen Institut und Nachhilfenehmer sähe keine zeitliche Bindung vor und der Schüler würde nach ersten erfolgten Nachhilfestunden seitens der Eltern gefragt werden, wie er sich denn so fühle: Natürlich ist diese Zusatzration an investierter Zeit erst einmal unangenehm, und wenn dann das Kind antworten würde, das Ganze gefällt mir nicht und die Eltern im nächsten Schritt dem Willen ihres Kindes nachgeben würden und es wieder aus der Nachhilfe nehmen würden, wäre das Ganze eine vergebene Mühe gewesen. Eine gewisse vertragliche Verbindlichkeit stünde dem entgegen. Selbstverständlich muss es Möglichkeiten der Vertragsauflösung geben, bspw. wenn die Schule ein nachmittägliches kostenloses Förderangebot neu auflegt und bereithält, das zum Zeitpunkt des Vertragsabschlusse noch nicht absehbar war.

Wenn eine vorsichtige Antwort auf die Ausgangsfrage gegeben werden müsste: Drei Monate sollten es mindestens sein, sechs Monate und evtl. dann bis Schuljahresende wären sinnvoller.

41. Woran erkennt man ein gutes Nachhilfeinstitut?

Der beste Weg dürfte wie auch in anderen Bereichen des täglichen Lebens eine mündliche Weiterempfehlung bspw. aus dem privaten Umfeld sein. Eine gute Mundpropaganda unter Eltern ist Gold wert.

Wenn ich als Nachhilfe Suchender gar niemanden kenne, würde ich mich für eine Nachhilfeeinrichtung entscheiden, die ein TÜV-geprüftes Qualitätsmanagementsystem und (ganz wichtig) zertifizierte Nachhilfelehrer vorzuweisen hat. Wichtige Kriterien bei der Vergabe eines geprüften Siegels sind unter anderem, dass der Unterricht in kleinen Gruppen von maximal fünf Schülern stattfindet. Die Einrichtung sollte über eine gute technische und räumliche Ausstattung verfügen und geeignete Lernmittel einsetzen. Zudem findet ein regelmäßiger Austausch mit den Eltern statt.

Nicht unerheblich ist die Verkehrsanbindung zwischen Nachhilfeeinrichtung und dem Zuhause, möglicherweise auch zur Schule. Denn ein zu langer nachmittäglicher Weg zum Institut und nach Hause geht zu Lasten der Freizeit.

42. Wie teuer darf Nachhilfe sein?

Bei den Kosten muss man unterscheiden, ob es sich um Einzelnachhilfe oder um Nachhilfe in einer Kleingruppe handelt. Im letzteren Fall sind natürlich die Kosten viel geringer, so beträgt z.B. ein Monatsabo in einer Nachhilfeeinrichtung (zweimal zwei Doppelstunden je Woche) ca. 140 Euro/Monat. Demgegenüber als Extremfall kann bei einem Studienrat eine Einzelstunde schon bis 70 Euro betragen.

43. Soll vor Nachhilfe die Schule kontaktiert werden?

Man sollte glauben, es sei sinnvoll, wenn sich die Eltern, bevor sie sich zu einer Nachhilfe entscheiden, mit dem entsprechenden Fachlehrer besprechen – sollte man glauben, sollte man glauben… . Im Idealfall wäre dies wünschenswert! Doch Theorie und Praxis klaffen hier leider auseinander. Aus der Praxis ist bekannt, dass Lehrer Nachhilfe eher ablehnen, ja ihr eher sehr negativ gegenüberstehen. Hierfür sind vor allem zwei Gründe ausschlaggebend. Zum einen lehnen sie Nachhilfe generell ab, nach dem Motto, wer es hier bei mir, in meiner Schule nicht schafft, sollte die Schulart wechseln. Zum anderen projizieren sie Defizite auf Schülerseite auf sich selbst und wollen sich nicht eingestehen, dass ein schulisches Versagen eines ihrer Schüler erstmal nichts mit ihren eigenen pädagogischen Fähigkeiten und Bemühungen zu tun haben muss.

44. Ist Nachhilfe ein heutiges Phänomen?

Man könnte auch fragen, ob Nachhilfe über die Jahre zugenommen hat. Tatsächlich mag der Eindruck vorherrschen, dass in den letzten Jahren Nachhilfe zugenommen hat. Tatsache ist, dass die mediale Aufmerksamkeit zugenommen hat. Dies hängt auch damit zusammen, dass sich mit dem Aufkommen der Nachhilfeketten eine Konkurrenzsituation ergeben hat, die sich in wachsender Werbung niederschlägt.

Prozentual ist der Anteil von Nachhilfe über die letzten Jahrzehnte relativ stabil geblieben, jedoch nicht in absoluten Zahlen. Hierfür gibt es zwei Gründe: Über die letzten Jahrzehnte hat der Trend auf das Gymnasium zugenommen und gleichzeitig ist in dieser Schulart der Nachhilfeanteil sehr hoch (Fremdsprachen!). Wenn also bereits vor 40 Jahren in Deutschland ca. 20 Prozent der Gymnasiasten Nachhilfe erhalten hat, so ist wohl der Prozentsatz konstant geblieben, doch in absoluten Zahlen hat Nachhilfe zugenommen.

45. Wie hoch ist der Nachhilfeanteil in Deutschland?

Zusammenfassend lässt sich folgern, dass Nachhilfeunterricht in empirischer Hinsicht ein „normales Phänomen" zu sein scheint. Ein Blick in die deutsche Schulgeschichte zeigt, dass Nachhilfe stets ein Begleitphänomen des öffentlichen Schulsystems war, wobei die Gymnasiasten bis in die 1980er- Jahre überrepräsentiert waren. Anhand der vorliegenden Ergebnisse kann zusammenfassend gesagt werden, dass etwa jeder achte bis zehnte Schüler aktuell Nachhilfe in Anspruch nimmt; unter den Schülern der Sekundarstufen I und II sind es vermutlich sogar fast 25 Prozent. Außerdem kann konstatiert werden, dass jeder dritte bis vierte Schüler insgesamt im Laufe der Schullaufbahn Nachhilfe in Anspruch genommen hat.

46. Wie lange wird durchschnittlich Nachhilfe genutzt?

Alle Studien, die Aussagen darüber treffen, über welche Zeiträume Nachhilfe in Anspruch genommen wird, weisen darauf hin, dass es sich bei Nachhilfe tatsächlich nur selten um eine kurzzeitige, sondern eher um eine dauerhafte Maßnahme handelt. Man kann von einer durchschnittlichen Nutzungsdauer von zehn Monaten ausgehen.

Bei den Angaben zur zeitlichen wöchentlichen Belastung gehen die Zahlen doch weit auseinander. Dies hängt damit zusammen, dass man unterscheiden muss zwischen Angeboten von privater Seite und Nachhilfeinstituten. Bei diesen sind die Grenzen zwischen traditioneller Nachhilfe und Hausaufgabenbetreuung fließend. Hier buchen die Schüler durchschnittlich zweimal je 90 Minuten pro Woche. Individuelle Nachhilfe erhalten knapp 60 Prozent der Nachhilfesschüler durchschnittlich 60 Minuten pro Woche. Etwa 10 Prozent erhalten mehr als drei Nachhilfestunden pro Woche.

47. Wie hoch ist das Marktvolumen in Deutschland?

Bei dieser Frage liegen die Angaben der vorliegenden Schätzungen und Studien wohl am meisten auseinander. Realistisch dürfte es sein, wenn man das Marktvolumen für Zusatzunterricht in Deutschland mit ca. 1 Mrd. Euro jährlich beziffert.

48. Wie ist die Verteilung über die Schularten?

Zwischen den Sekundarschularten herrscht heute kein vermeintlich großer Unterschied vor. Während vor 20 Jahren noch deutlich mehr Schüler an den Realschulen und Gymnasien als an den Hauptschulen Nachhilfe in Anspruch genommen haben, kann man heute insgesamt von einer relativen Gleichverteilung zwischen den Sekundarschulformen sprechen. Diesen Befund kann man als Zeichen deuten, dass, befeuert durch einen Qualifikationsdruck auf dem Arbeitsmarkt und gestiegenen Anforderungsprofilen der Arbeitgeber und einem wachsenden Hang nach höherer Bildung, heute qualifizierte Abschlüsse bei allen Schularten wichtig sind und so auch Hauptschulabsolventen einen Abschluss und höhere Bildungsabschlüsse anstreben und daher vermehrt Nachhilfeunterricht in Anspruch nehmen.

49. Welche Fächer sind besonders nachgefragt?

Alle Untersuchungen kommen einstimmig zu dem Ergebnis, dass vor allem in den Hauptfächern Nachhilfe nachgefragt wird. Dabei kommen sie zu dem Ergebnis, dass es eigentlich seit Jahrzehnten immer die gleichen „verdächtigen" Fächer sind: Mathematik und Deutsch in allen Schularten; auf der Realschule und dem Gymnasium noch zusätzlich die Fremdsprachen Englisch, Französisch und Latein.

Auch muss man immer darauf achten, ob bei den Statistiken absolute oder relative Zahlen angegeben werden. Bspw. nehmen in absoluten Zahlen ausgedrückt relativ wenige Schüler in Latein Nachhilfe, doch in relativen Zahlen ausgedrückt sind es dann doch viele Lateinschüler, die in diesem Fach Nachhilfe benötigen.

50. Wird Nachhilfe von allen Schichten genommen?

War früher Nachhilfe eine Domäne der gehobenen Schichten, so sieht dies heute ganz anders aus. Die Befunde weisen in die Richtung, dass sich Nachhilfeunterricht zu einem in allen Schichten ähnlich verbreiteten Phänomen entwickelt hat. Vor allem die Eltern aus der unteren und mittleren Mittelschicht investieren heute in stärkerem Maße als vor 40 Jahren in Nachhilfeunterricht für ihre Kinder. Damit wollen sie ihren Nachwuchs gegen einen sozialen Abstieg absichern und ihm hiermit einen Aufstieg ermöglichen.

51. Was bedeutet das Bildungs- und Teilhabepaket?

Bedürftige Schüler können, unabhängig von einer Versetzungsgefährdung, unter bestimmten Voraussetzungen Lernförderung in Anspruch nehmen. Voraussetzung ist insbesondere, dass keine vergleichbaren schulischen Angebote bestehen. Die jeweiligen schulrechtlichen Bestimmungen sind in jedem Einzelfall zu berücksichtigen. Eine solche Förderung kann im maximalen Förderfall bis zu neun Monaten in zwei Fächern je zwei Wochenstunden gewährt werden. So gibt es in Nachhilfeschulen Kinder, die bis zu 1000 Euro im Monat unterstützt wurden.

52. Ist Nachhilfe ein typisch deutsches Phänomen?

Weltweit wird die Schule als Institution für die Zuweisung von Berufs- und Lebenschancen begriffen. Weil dies so ist, versuchen viele Eltern, ihren Kindern einen erfolgreichen Schulabschluss zu ermöglichen. Dies erklärt, dass der Nachhilfeunterricht ein weltweit verbreitetes Phänomen ist.

53. Wovon ist Nachhilfe weltweit abhängig?

Die Bedeutung der Nachhilfe ist hauptsächlich von folgenden Determinanten abhängig:

- dem Grad der Leistungsorientierung in einer Kultur
- der Selektivität des Bildungssystems
- der Höhe der zu erwartenden Bildungsrenditen
- dem Wettbewerb zwischen Bildungseinrichtungen.

54. In welchen Ländern ist Nachhilfe besonders gefragt?

Im asiatischen Raum, insbesondere in Japan und Korea, scheinen oben genannte Voraussetzungen besonders gegeben zu sein. Hier hat Nachhilfe im internationalen Vergleich eine besonders hohe Bedeutung. Nach den PISA Daten nehmen in diesen Ländern knapp 70 Prozent der 15-jährigen Nachhilfe in Mathematik und ca. 50 Prozent in ihrer Muttersprache.

55. Ist Nachhilfe in Österreich und der Schweiz präsent?

Für die beiden deutschsprachigen Nachbarländer Österreich und Schweiz entsprechen die Ergebnisse zur Nachhilfequote und zu den Fächern in etwa den deutschen Verhältnissen. Die vorliegenden Studien zeigen, dass die Bedeutung von kommerzieller Nachhilfe und des Nachhilfemarktes stark der deutschen Situation ähnelt. Dies ist deshalb auch nicht verwunderlich, da auch deren Schulsysteme ähnlich wie das Deutsch selektiv aufgebaut sind.

56. Was sind die zentralen Gründe für Nachhilfe?

Man muss klar sagen: Dass der Nachhilfemarkt floriert, ist weniger darin zu suchen, dass das öffentliche Schulsystem versagt, als vielmehr in einer Verbesserung der Schulleistungen.

Insgesamt lassen sich schülerbezogene Motive von schulsystembezogenen und arbeitsmarktbezogenen Motiven für Nachhilfe unterscheiden.

57. Was sind schülerbezogene Motive für Nachhilfe?

Zentrale Punkte sind die Notenverbesserung, das Bestehen einer Nachprüfung, die Aufnahme in weiterführende Schulen, den Lernstoff verstehen. Gründe können krankheitsbedingte Fehlzeiten sein oder auch Überforderung.

Zwei Punkte sind besonders erwähnenswert:

- Das klassische Nachhilfemotiv, um ein Sitzenbleiben zu verhindern, wird zurückgedrängt zugunsten einer Notenverbesserung.

- In jüngster Zeit ist der Trend zu beobachten, dass Nachhilfeunterricht längst nicht nur zum Abbau von Leistungsdefiziten genommen wird, sondern als ein gezieltes Mittel im Wettstreit um gute Noten.

58. Was sind schulsystembezogene Nachhilfemotive?

Nachhilfe wird als Reaktion auf Mängel und vor allen Dingen auf die Selektivität des dreigliedrigen Schulsystems angesehen

Nachhilfe soll strukturelle Probleme im Schul- und Bildungssystem beheben helfen. Hierzu zählen die Halbtagsschule, überfrachtete Lehrpläne, zu große Klassen, die personelle Unterbesetzung der Schule und Fehlplatzierungen durch eine frühe Aufteilung der Schülerschaft zu unterschiedlichen Schulformen. Der Fachterminus hierfür ist „Tracking", was die dauerhafte Aufteilung von Schülern auf unterschiedliche Schultypen anhand ihrer Leistungen meint.

59. Was sind arbeitsmarktbezogene Nachhilfemotive?

Arbeitsmarktbezogene Motive werden auch als elternbezogene bezeichnet. Eltern streben für ihre Kinder die bestmöglichen Voraussetzungen für das spätere Arbeitsleben an. Höhere Bildungsabschlüsse bieten eine gute Basis, einen qualitativ hochwertigen Arbeitsplatz zu erlangen. Und dies Ziel, höhere Abschlüsse für ihre Kinder zu erhalten, trauen die Eltern der Schule allein nicht zu. Sie suchen Verbündete außerhalb des öffentlichen Schulsystems, wie bspw. in der Nachhilfe.

60. Gelten diese Motive für alle Eltern in gleicher Weise?

Bildungsentscheidungen werden als Kosten-Nutzen-Kalküle betrachtet. Bezogen auf Bildungsaspirationen bedeutet dies: Je höher die Bildungsansprüche der sozialen Umwelt der Eltern sind und umso selbstverständlicher diese gelten, desto wahrscheinlicher werden die Eltern auch für ihre Kinder entsprechend hohe Bildungsziele anstreben und sie auch bei weniger guten schulischen Leistungen der Kinder durchsetzen. Das gilt gleichermaßen auch für die Inanspruchnahme kommerzieller Nachhilfe als Mittel zur Realisierung der Bildungsaspirationen.

Anders als finanziell besser gestellte Familien müssen ärmere Eltern Bildungsziele und -erwartungen mit ihren Möglichkeiten abwägen. Zu den Alternativen gehören auch die Reduzierung der Ansprüche – zuerst an die Noten, dann auch an die übergeordneten Bildungsziele, die schließlich einen Verzicht auf Nachhilfe bedeuten können.

61. Wie hängt Notengebung mit Nachhilfe zusammen?

Solange man in der Schule von der Zensurenskala ausgeht, ist die Produktion von „Versagern" ein notwendiges Ergebnis. Durch eine Orientierung an einer sozialen Bezugsnorm in der Benotung (Frage 62) wird Nachhilfebedarf durch das Schulsystem täglich produziert. Es ist dann eine notwendige Folge, dass immer einige Schüler als „leistungsschwach" abqualifiziert werden müssen. Diese sind es, die dann eben wiederum Nachhilfeunterricht „brauchen".

62. Welche Bezugsnormen lassen sich unterscheiden?

Man unterscheidet drei Bezugsnormen:

- Soziale Bezugsnorm: Hier orientiert sich die Notengebung am Durchschnitt der Klasse. Es handelt sich um einen Vergleich der Leistung eines Schülers mit der Leistung der anderen Mitschüler.

- Individuelle Bezugsnorm: Hier orientiert sich die Notengebung an früheren Leistungen des einzelnen Schülers. Es handelt sich um einen Vergleich mit sich selbst.

- Sachliche/kriteriale/curriculare Bezugsnorm: Maßstab einer Bewertung ist das Erreichen eines vorgegebenen Lehrzieles. Hier wird eine Leistung eines Schülers mit einem vorgegebenen Kriterium verglichen.

63. Was ist das Hauptmotiv der Nachhilfeanbieter?

Der Nachhilfesektor ist wie andere Sektoren der Wirtschaft auch auf ein stetiges Wachstum des Marktes angewiesen. Dies bedeutet, die Anbieter versuchen den Bedarf zu beeinflussen oder ihn auch dort erst zu wecken, wo er objektiv eigentlich nicht gegeben ist. So ist es ein Ziel der Nachhilfeanbieter, eine Kultur zu schaffen, in der Nachhilfe individuelle Bildungsbiographien ganz selbstverständlich flankiert.

64. Warum geht es bei Nachhilfe nur um Noten?

Dieses erstmal enge Fixiertsein auf die unmittelbare Notenlage darf man nicht der Nachhilfe vorwerfen, schon eher dem öffentlichen Schulsystem. Hier verbringen die Schüler über Jahre die meiste Lernzeit. Im Übrigen hat das Gymnasium seine Schüler neun Jahre lang, um sie umfassend zu unterrichten, zu bilden und, und, und - so lange wie keine andere staatliche Bildungsinstitution. Wer von Nachhilfeeinrichtungen mehr erwartet als fachliche Steigerung, ausgedrückt in Noten, muss sich fragen, inwieweit solche weitergehenden Forderungen vom öffentlichen Schulsystem erfüllt werden.

65. Weshalb ist Nachhilfe erfolgreich?

Vorneweg muss betont werden, dass Nachhilfe wie jeder Unterricht auch nur ein Angebot ist - das nicht automatisch zu dem erwünschten Nutzen führen muss. Ein Wollen und damit ein Nutzen auf Schülerseite muss dazukommen. Freilich kann das Angebot erleichtert werden, wenn der Nachhilfelehrer auf ganz bestimmte Faktoren erfolgreichen Unterrichtens bei seiner Arbeit achtet:

Diese sind Vorwissen sichern, Selbstorganisiertes Lernen, Time on Task, Lernstrategien, Individuelle Bezugsnorm, Feedback. Im Folgenden werden diese Faktoren erfolgreichen Nachhilfeunterrichts auf Lehrerseite vorgestellt.

66. Was bedeutet Vorwissen sichern für Nachhilfe?

Durch die Sicherung von Vorwissen werden Wissenslücken geschlossen, die Voraussetzung für den Erwerb neuer Lerninhalte wird sichergestellt und es kommt zu einer besseren Verknüpfung neuer Lerninhalte.

Der Nachhilfelehrer sollte für sich Antworten auf folgende Fragen haben:

- Kenne ich die Lücken meiner Schüler?
- Stelle ich Lernmaterialien bereit?
- Erstelle ich einen systematischen Lernplan (in zeitlicher, inhaltlicher Hinsicht)?
- Kümmere ich mich regelmäßig um dessen Einhaltung?
- Baue ich regelmäßig Wiederholungsphasen ein?
- Verknüpfe ich neue Lerninhalte mit bereits bekannten?

67. Was bedeutet Selbstorganis. Lernen für Nachhilfe?

Im Nachhilfeunterricht hat der Schüler die Möglichkeit, Lerninhalte selbst zu bestimmen und sich mehr auf die Lernprozesse zu konzentrieren.

Der Nachhilfelehrer sollte für sich Antworten auf folgende Fragen haben:

- Gebe ich den Schülern die Möglichkeit, ihre Lücken selbst zu identifizieren?

- Lasse ich die Lern-, Übungsinhalte selbst bestimmen – natürlich im gebotenen Rahmen?

- Lasse ich den Schülern eine Lernperspektive selbst erstellen?

- Lernen die Schüler sich beim Lernen zu beobachten und auch zu bewerten?

68. Was bedeutet Time on Task für Nachhilfe?

Die zur Verfügung gestellte und dazu effektiv genutzte Lernzeit stellt eine entscheidende Bedingung für den Schulerfolg dar.

Der Nachhilfelehrer sollte für sich Antworten auf folgende Fragen haben:

- Habe ich alle für den heutigen Unterricht benötigten Materialien zusammengesucht?
- Können meine Schüler sofort beginnen?
- Worüber rede ich mit meinen Schülern?
- Rede ich über mich oder frage ich meine Schüler, wie es ihnen geht?
- Lasse ich mich während der Schülerarbeitsphase ablenken?
- Wie groß ist mein Redeanteil am Erklären?
- Wie hoch ist beim Erklären der Redeanteil der Schüler?

91

69. Was bedeuten Lernstrategien für Nachhilfe?

Der Einsatz von Lernstratgien ist gerade im Nachhilfeunterricht ideal. Aufgrund der geringen Anzahl an zu versorgenden Schülern ist es eher möglich, die Schüler zu einem Einsatz effektiver Strategien anzuleiten und dazu anzuregen. Außerdem kann dies am konkreten Stoff tagein, tagaus eingeübt werden.

Der Nachhilfelehrer sollte für sich Antworten auf folgende Fragen haben:

- Bereite ich meine Schüler rechtzeitig auf Klassenarbeiten vor?
- Lasse ich die Schüler den Lernstoff in eigenen Worten ausdrücken?
- Versuche ich zum Lernstoff Fragen zu formulieren?
- Halte ich die Schüler an, im Lexikon selbst nachzuschauen?
- Lasse ich beim Lernstoff wichtige Stichwörter unterstreichen?
- Lasse ich beim Lernstoff wichtige Stichwörter aufschreiben?
- Fertige ich zur Erklärung Skizzen, Grafiken, Tabellen an?
- Lasse ich schwierige Lernwörter aufschreiben?

70. Was bedeutet Individ. Bezugsnorm für Nachhilfe?

Als eine motivational förderliche Maßnahme hat sich die Berücksichtigung der individuellen Bezugsnorm bei der Leistungsbewertung erwiesen.

Der Nachhilfelehrer sollte für sich Antworten auf folgende Fragen haben:

- Kenne ich die typischen Fehler meiner Schüler?
- Kenne ich die Stärken meiner Schüler?
- Lobe ich unmittelbar nach einer erbrachten Leistung?
- Lobe ich situationsgemäß?

71. Was bedeutet Feedback für den Nachhilfelehrer?

Feedback ist geeignet, damit die Schüler um ihre eigenen Stärken und Schwächen wissen.

Der Nachhilfelehrer sollte für sich Antworten auf folgende Fragen haben:

- Bin ich überzeugt davon, dass Feedback wichtig ist?
- Gebe ich regelmäßig Feedback?
- Ist mir eine positive Fehlerkultur wichtig?
- Sehe ich Lernen mit den Augen meiner Schüler?
- Suche ich regelmäßig Feedback von meinen Schülern?
- Kann ich auch mit negativem Feedback umgehen?

72. Gibt es auch künftig genügend Nachhilfelehrer?

Das Angebot an verfügbaren Nachhilfelehrern hängt reziprok mit dem Bedarf und dem Angebot an Lehrern im öffentlichen Schulsystem zusammen. Die Erfahrung hat gezeigt, dass es Nachhilfeeinrichtungen eher schwer haben, Lehrer zu rekrutieren, wenn die Übernahmechancen in das öffentliche Schulsystem günstig sind. Ein Überangebot führte bisher dazu, dass gut ausgebildete Lehrer ohne Anstellung in den Nachhilfesektor abgewandert sind.

Aufgrund der anstehenden Pensionierungswelle von Lehrern im öffentlichen Schulsystem bestehen hier gute Chancen für derzeitig das Lehramt studierende junge Menschen – mit umgekehrten Vorzeichen für das Nachhilfewesen.

73. Wird es weiterhin Präsenz-Nachhilfe geben?

Wie mehrmals in dieser Schrift aufgezeigt, ist die persönliche Beziehung das große Pfund des Nachhilfelehrers zu seinem Schüler. Und es wird immer eine Gruppe von Schülern geben, die dieses Pfund im Regelunterricht vermissen und in der Präsenz-Nachhilfe nachsuchen. Aus dieser Argumentation heraus läuft es eher auf eine Kooperation als auf eine Konkurrenzsituation zwischen Präsenz- und Online Nachhilfe hinaus.

74. Welche Herausforderung bleibt für Nachhilfe?

Generell bleibt im Nachhilfeunterricht die wichtige Frage weitgehend unbeantwortet, bei welcher Ausgangslage des Schülers welcher Nachhilfeunterricht wirkt und bei welcher nicht. So muss hierzu in weiterführenden quantitativen und auch qualitativen Studien neben den Ausgangsnoten genauer eruiert werden, welche Art von Lücken oder Rückständen bestehen und wie darauf aufbauend eine adäquate Maßnahmenstruktur bzw. welches Nachhilfekonzept auszusehen hat.

75. Welche Literatur informiert gut über Nachhilfe?

Neben den in diesem Buch genannten Quellen wird auf folgende weiterführende Literatur verwiesen:

Bildungsbericht 2018. Autorengruppe Bildungsberichterstattung (Hrsg.). Bildung in Deutschland 2018. Bielefeld: wbv Publikation.

Birkelbach, K., Dogischat, R. & Dobischat, B. (2017). Außerschulische Nachhilfe: Ein prosperierender Bildungsmarkt im Spannungsfeld zwischen kommerziellen und öffentlichen Interessen. Düsseldorf: Hans-Böckler-Stiftung,

Bray, M. (2007): The shadow education system: private tutoring and its implications for planners. Paris: UNESCO: International Institute for Educational Planning. Verfügbar unter http://unesdoc.unesco.org/images/0011/001184/118486e.pdf (12.12.2020).

Dohmen, D, Erbes, A., Fuchs, K. & Günzel, J (2008). Was wissen wir über Nachhilfe? – Sachstand und Auswertung der Forschungsliteratur zu Angebot, Nachfrage und Wirkungen. Berlin: Forschungsinstitut für Bildungs- und Sozialökonomie.

Haag & Streber (2018). Nachhilfeunterricht. In H. Rost, J. R. Sparfeldt & S. R. Buch (Hrsg.), Handwörterbuch Pädagogische Psychologie (5., überarb. und erw. Aufl.) (S. 583-590). Weinheim: Beltz.

Rudolph, M. (2002). Nachhilfe – gekaufte Bildung? Empirische Untersuchung zur Kritik der außerschulischen Lernbegleitung.

Eine Erhebung bei Eltern, LehrerInnen und Nachhilfeinstituten. Bad Heilbrunn: Klinkhardt.

Streber, D. (2018). Nachhilfe als eine besondere Form individueller Förderung. Theorie – Forschung – Konsequenzen. Bad Heilbrunn: Klinkhardt.